4
Jahreszeiten
-

Lyrische Gifhorner Augenblicke

von
Elke Buttgereit – Kliem

mit Fotografien der Autorin

Impressum

Bibliografische Information der Deutschen Natio-
nalbibliothek: Die Deutsche Nationalbibliothek
verzeichnet diese Publikation in der Deutschen
Nationalbibliografie; detaillierte bibliografische Daten
sind im Internet über dnb.dnb.de abrufbar.

© 2022 Elke Buttgereit – Kliem

**Herstellung und Verlag: BoD – Books on Demand,
Norderstedt**

ISBN: 9783748157908

Vorwort

Um mein kreatives Potenzial zu entdecken, musste ich einfach anfangen zu schreiben. Zunächst kleine Reime oder Verse, später ganze Gedichte, immer inspiriert von der jeweiligen Jahreszeit. Da ich auch gerne fotografiere und mit meiner Kamera unterwegs bin, um interessante Motive zu entdecken, eine besondere Stimmung einzufangen oder die Schönheit der Natur zu genießen, ist es eine große Freude, wenn ein tolles Foto entsteht. Diese Freude möchte ich nun mit anderen Menschen teilen.

Elke Buttgereit-Kliem

Frühling

Morgendämmerung I

die Morgendämmerung kommt
ganz seicht
der Himmel erhellt sich
grau, ganz leicht
bald ziehen einige
Wolken heran
ein neuer Tag fängt an.
Du hängst noch deinen
Träumen nach
aber die Helligkeit
sie macht dich wach.

Frühlingsanfang

Vogelgezwitscher und
zartes grün
die Bäume fangen wieder
an zu blühen
desgleichen Tulpen
und Narzissen, diese
Jahreszeit möchte man
nicht missen.
Denn sie erfreut jetzt
unser Herz,
Frühlingsgefühle, es ist
endlich wieder März.

Frühling

Als schönste Jahreszeit
bekannt, streift der Frühling
über das Land.
Die Natur erwacht aus ihrem
Traum, es sprießen zarte
Knospen am Baum
und schaust du einmal
rings umher, entdeckst du
ein prächtiges Blütenmeer
von Sträuchern und auch
Blumenpflanzen, man sieht
sie der Sonne entgegentanzen.
Das möchtest auch du,
dein Herz wird ganz weit
ja es ist wirklich die
schönste Jahreszeit

Die Taube

Sie lässt sich auf einem Ast nieder
„Ruckuch" – Rufe
ertönen immer wieder
nach einer Weile
schwingt sie sich auf
und gleitet elegant
zum Himmel hinauf

Der Klee

Blüht prächtig
ich staune mächtig
über die vielen Blätter
die er hervorgebracht
und eh ich's gedacht
hab ich beim suchen
und erkunden
ein vierblättriges
Kleeblatt gefunden
Welch ein Glück.

Tulpenstrauß

Ein letzter Tulpenstrauß
im Mai,
dann ist die Blütezeit vorbei
doch wie von Zauberhand
gemacht
erscheint die ganze
Blumenpracht sodann
erneut im nächsten Jahr
die Blütezeit ist wieder da.
Ein Farbenrausch
der uns umgibt.
Kein Wunder, dass man
Tulpen liebt.

Sommer

Der Sommer

Der Sommer, die Wärme, das helle
Licht,
Die Sonne, die Freude auf meinem
Gesicht.
Das Leben ist heiter und
unbeschwert, dass ist es was der
Sommer uns beschert.

Morgendämmerung II

Kommt ganz leise
schleicht sich an
auf ihre Weise
nach und nach
wird es heller
Schön-Wetter-Wolken
ziehen heran
immer schneller
am Firmament
bis dann die Sonne brennt
der Tag wird schöner
allenthalben
am Himmel fliegen
schon die Schwalben
die Amsel trällert
auch ihr Lied
die restliche Dämmerung
sie flieht.

Sonnenblume

Die Sonnenblume blüht
in prächtiger Farbe
ein leuchtendes Gelb
wie gern ich das habe
diese Blume ist bei Mensch
und Tier beliebt
ich freue mich,
dass es sie gibt.

Die Amsel

die Amsel hüpft und hüpft
im Gras, als wenn sie tänzelt
bald findet sie was
sie scharrt und scharrt danach
mit den Füßen
um einen Regenwurm
zu genießen
den sie dann, Schwupp die Wupp
mit Spaß
verzehrt gleich auf
dem grünen Grass.

Morgenanfang

Wolkenformationen ziehen
am Himmel vorbei
hier und da eines Vogels
Geschrei
Schwalben die unter
Wolken kreisen
auf der Suche nach Insekten
zum verspeisen
Endlich ein Sonnenstrahl
der die Erde erwärmt und
erhellt
Morgenanfang,
ein Naturschauspiel
das mir gefällt.

Nanas

die tollen Nanas
der Niki de Saint Phalle
bringen einen
zum Staunen,
überall
auch ihre Bilder
sind große klasse
sie heben sich ab
von der großen Masse

Früchte

Ringel, rangel, Rosen
schöne Aprikosen
schmecken köstlich
duften fein
im Sommer sie
mein Herz erfreu'n
die Ki-Ka-Kirschen ebenso,
machen mich genauso froh
Hi-, Ha-Him- und Heidelbeeren
mag ich gerne auch verzehren
und zuletzt
ganz rot und frisch
kommen Erdbeeren
auf den Tisch
weil sie ein köstliches Aroma
haben, kann ich mich auch
an ihnen laben.

Schmetterlingsbaum

Der Schmetterlingsbaum
verströmt seinen
süßen Duft
und lockt die Falter
aus der Luft
die schönen Schmetterlinge
mit zarten Flügeln
wie aus Papier
lassen sich gerne
nieder hier
für sie ist der Baum
ein Traum

Mecklenburg-Vorpommern

Wolken, Weite und das Meer
blauer Himmel ringsumher
schönes Wetter, Sonnenschein
unsere Seele kann sich freuen.
Sommer, unbeschwerte Zeit
hält Mecklenburg-Vorpommern
für uns bereit.

Sommer 2021

Es war ein Sommer
mit sehr viel Regen
für die Menschen nicht schön
für die Pflanzen ein Segen
Der Mensch benötigt Wärme
und Sonnenschein, doch es gab
nur wenige Tage, um sich
zu freuen.
Für den Herbst sind wir daher
noch nicht bereit,
wir wünschen uns weiterhin
Sommerzeit.

Spätsommer

Noch einmal schönste
Blütezeit,
der Spätsommer lässt grüßen
wir Menschen halten uns bereit
die Wärme zu genießen

Herbst

Herbst

Zeit vertändeln, wenn der Regen
fällt
Aufatmen, wenn die Sonne das
Gemüt
erhellt
Regenbogen bestaunen
am Horizont
schauen, welche Wolke kommt
Spüren, wenn der Wind
sich dreht
und die Felder trocken
weht
Dann weißt du
bald ist's soweit
es naht die
goldene Herbsteszeit.

Der Wetterhahn

Wenn der Wetterhahn sich dreht,
weißt du woher der Wind
jetzt weht
Norden, Süden, Osten, Westen,
welches Wetter ist am besten?
Regen oder Sonnenschein
oder bricht ein Sturm herein?
Du weißt es bald konkret,
wenn der Wetterhahn sich dreht.

Kopfschmerzen I

der Schmerz in meinem Kopf
er hämmert gegen die Stirn
und klopft
mit dem Verschwinden
hat er keine Eile
doch ich warte eine Weile
trinke erstmal nen Kaffee
danach hab ich Glück
der Schmerz ist weg
juchee!

Der Baum

Eben noch ein Sommertraum
von Blättern und dichter Krone
verfärbt sich nun der
schöne Baum
bald steht er da, ganz ohne
die Blätter fallen dann herab
fast lautlos und ganz leise
der Winde, er weht sie fort
ganz weit, ein jedes auf seine
Weise.

Getränke

Ein schönes Getränk
ist der Kaffee
er macht wach
und berauscht
seit eh und jeh
mit seinem Duft
und dem Aroma
das wusste auch schon
meine Oma
auch der Tee
ist ganz okay
mit vielen
verschiedenen Sorten
beliebt an allen Orten

Kopfschmerz II

umkreisen mein Gehirn
es zieht vorne, hinten
und an der Stirn
Wie kann ich ihn bekämpfen,
den verflixten Schmerz?
Er weitet sich aus
und macht ordentlich „Terz"
ich werde eine Tablette nehmen
die verspannten Nerven
können sich dehnen
und siehe da
nach einer gewissen Zeit
bin ich von den
Kopfschmerzen befreit

Herbst

Der bunte Herbst
er macht viel Spaß
verfärbt die Blätter
bringt kühles Nass
die Äpfel, Birnen, Pflaumen
verwöhnen unseren Gaumen
die Trauben ergeben
den köstlichen Wein
die Zeit des Genießens
sie kehrt jetzt ein
der Herbst möchte uns
in seiner ganzen Pracht
die Schönheit der Erde zeigen
dazu ist er gemacht.

Falten

Nach einer fast
schlaflosen Nacht
mit einem Knautsch-Lach-Gesicht
aufgewacht
im Spiegel erkenne ich
mich nicht mehr
wo kommen all die
Falten her?
Sie sind da und
wollen bleiben
lassen sich nicht
mehr vertreiben
Alter Falter.

Die Spinne

Die seidenen Fäden
glänzen in der Sonne
die Spinne sitzt in ihrem Netz
voll Wonne
sie weiß zwar nicht, wie
lange es dauert
bis Insekten kommen
aber sie lauert
bis sich eins im Netz
verfangen hat
die Spinne freut sich
sie wird jetzt satt
Sie legt auch noch Reserven an
die sie dann später fressen kann
sie wickelt sie ein
und hängt sie auf
ja, die Natur nimmt so
ihren Lauf

Herbstblume

die letzte Rose erstrahlt
im Sonnenglanz
sie blüht noch eine Weile
und verschwindet dann ganz
der Herbst hält Einzug
an jedem Ort
er weht
die Blütenblätter fort

Der Apfel

der Apfel,
den mein Herz begehrt
hat sich im Herbst sehr schön
verfärbt
noch hängt er am Baum
an einem Ast
doch bald wird er
vom Wind erfaßt
und fällt er dann
vor meine Füße
heb ich ihn auf
beiß rein, genieße
Gibt es ihn noch
den alten Traum
von Herr von Ribbeck's
Birnenbaum?
Wo Kinder fröhlich
drunter stehen
die Birnen pflücken
und dann geh'n

vernehmen noch in nah und fern
das Wispern von dem alten Herrn
„Komm doch mal rüver,
ick giv di ne Beer'n"

Der Kürbis

in meinem
wunderschönen Garten
muss ich bisweilen
lange warten
bis der dicke Kürbis reift
eh ihn meine Hand ergreift
ihn zerteilt in kleine Stücke
das als Suppe er mich beglücke

Herbstblues

Ein Trauerflor umgibt
deine Seele, dein Gemüt
du spürst, es ist Herbst
alles verblüht
Die Gedanken ziehen wie
Wolken vorüber
Melancholie, die Stimmung
wird trüber
Nach einiger Zeit ist alles vorbei,
deine Seele atmet auf
du fühlst dich wieder frei

Blätter

bunte Blätter
fallen vom Baum
wirbeln hin und her
Naturschauspiel

Schönes Wetter

Schönes Wetter, die Sonne scheint
ich laufe durch den Wald
ich habe Zeit umherzustreifen
die Stimmung der verfärbten
Räume zu begreifen
das herbstliche Wetter erhellt
mein Gemüt
nun geht es weiter zum Gestüt
Ich schaue eine Weile
den Pferden zu
sie besänftigen meine Seele
ich komme zur Ruh
Danach geht's den kleinen
Waldweg entlang
ich fühl mich schon besser,
bin nicht mehr so krank.

Winter

Schneeflocken

Vom Himmel die ersten
Schneeflocken
fallen,
sie bleiben noch nicht liegen,
Aber ich stelle mir vor,
wie es wäre
bedeckten sie die Erde.
Eine zauberhafte Landschaft
würde entstehen
Romantik im vorübergehen

Weihnachten

Macht die Dunkelheit sich breit
dann kommt bald die
Weihnachtszeit
Lichterglanz und Kerzenschein,
Kinderherzen die sich freuen.
Gutes Essen, guter Wein,
wir laden ein paar Freunde ein.
Gesellige Runde, fröhliches Lachen
Geschenke auspacken
und Nüsse knacken
Leuchtende Kerzen, ein
schöner Baum, so wird
Weihnachten zum Traum
Auch Kirchengang und Lieder
singen
bringen manches Herz
zum Schwingen.

2020

2020 ist endlich da,
voll Zuversicht starten wir
ins neue Jahr
wir wissen noch nicht, was
es uns bringen mag,
doch wir gehen unseren Weg
ganz unverzagt
voller Hoffnung auf ganz
viel Glück, schauen wir
nach vorn und nicht zurück
vom Ballast des letzten Jahres
befreit, wünschen wir uns
eine schöne Zeit.

Der kleine Hunger

Kommt sehr rasch
ich lauf zum Kühlschrank hin
und nasch
die vielen Sachen
oh, wie fein
und stopf sie in
den Mund hinein
ich freue mich,
bin unverzagt,
doch dann mich
mein Gewissen plagt
hätt'st du gemacht
doch FDH
wär'n jetzt nicht
so viele Kilos da.

Februar

Zeit vertändeln im Februar
warten auf den Frühling
noch ist er nicht da
doch bald ist vorbei
die Winterzeit
und Knospen sprießen wieder
weit und breit

Schneeflocken

Schneeflocken tänzeln hin und her
sie wirbeln durch die Luft
werden immer mehr
sie bedecken die Erde
mit einem weißen Kleid
Oh wie schön ist die Winterzeit.

Depression

Depressionen kommen über Nacht
sie schleichen sich ein
eh du's gedacht
die traurige Stimmung
du bist ganz leer
empfindest keine Freude mehr
dazu hast du ohne Ende
Erschöpfungszustände
Du ziehst dich zurück
und leidest sehr
meidest Kontakte
Freunde verstehen dich nicht mehr
apathisch starrst du deine
Wände an, es gibt niemanden
der dir helfen kann
Doch nach langer Zeit
und das ist dein Glück
kehrt die Lebensfreude
zurück.

Schneeflocken

Schneeflocken fallen tänzelnd
vom Himmel herab,
endlich bleiben sie liegen
die Erde bedeckt
von hellem Weiß.
Was für ein Vergnügen!

Geduld

Geduld zu haben
an und für sich
empfiehlt man mir,
doch das ist nichts
für mich
ich möchte nach langen
trüben Tagen
endlich wieder Freude
am Leben haben
endlich wieder lebendig sein
um mich an den kleinen Dingen
des Lebens erfreuen.

Naturbeobachtung

Auf meinem Spaziergang
blieb ich stehen,
um einem Rotkehlchen
zuzusehen
ich bewunderte sein schönes
Gefieder, beobachtete es
neugierig immer wieder
Es hüpfte von einem Ast
zum anderen, flog dann
auch wieder weiter,
ein Lächeln huschte über
Mein Gesicht, ich war
beschwingt und heiter.

Zu guter Letzt

Manchmal

Manchmal ist es gut
neue Wege zu gehen
Manchmal tut es gut
neue Dinge zu sehen
Manchmal muss man
im Austausch sein
manchmal braucht man
ein „Stell dich ein"
manchmal tut es auch nur gut,
wenn man in sich selber ruht

in schlafloser Nacht

Manchmal ist nächtliche Stille
sehr schön,
du kannst Gedanken schweifen
lassen
die kommen und gehen
Nächtliche Stille
sie hüllt dich ein
neue Ideen stellen sich ein,
du kannst sie ergreifen
lässt sie in dich hinein,
sie zeigen dir auf
kreativ zu sein.

Manchmal

Manchmal ist das Leben schwer
manchmal fühlt man sich so leer
manchmal weiß man nicht wohin
manchmal ergibt alles keinen Sinn

Manchmal keimt doch Hoffnung auf
manchmal ist man doch gut drauf
manchmal wagt man erste Schritte
manchmal hat man eine Bitte

Manchmal möchte man nur Leben
manchmal anderen was geben
manchmal schaut man, was
geschieht
manchmal vor der Welt man flieht

Manchmal ist man voller Trauer
manchmal nur von kurzer Dauer
manchmal ist man sehr aktiv
manchmal läuft auch mal was schief

Manchmal wird auch alles gut
manchmal fasst man neuen Mut
manchmal möchte man nur lachen
und sich keine Sorgen machen.